BEI GRIN MACHT SICH WISSEN BEZAHLT

- Wir veröffentlichen Ihre Hausarbeit, Bachelor- und Masterarbeit

- Ihr eigenes eBook und Buch - weltweit in allen wichtigen Shops

- Verdienen Sie an jedem Verkauf

Jetzt bei www.GRIN.com hochladen und kostenlos publizieren

Bibliografische Information der Deutschen Nationalbibliothek:

Die Deutsche Bibliothek verzeichnet ciese Publikation in der Deutschen National-
bibliografie; detaillierte bibliografische Daten sind im Internet über http://dnb.d-
nb.de/ abrufbar.

Impressum:

Copyright © 2005 GRIN Verlag, Open Publishing GmbH
Druck und Bindung: Books on Demand GmbH, Norderstedt Germany
ISBN: 9783640553105

Dieses Buch bei GRIN:

http://www.grin.com/de/e-book/144081/prozess-muster-und-komponenten

Markus Dreßler

Prozess-Muster und Komponenten

Ausarbeitung im Rahmen des Projektseminars "PICTURE"

GRIN Verlag

GRIN - Your knowledge has value

Der GRIN Verlag publiziert seit 1998 wissenschaftliche Arbeiten von Studenten, Hochschullehrern und anderen Akademikern als eBook und gedrucktes Buch. Die Verlagswebsite www.grin.com ist die ideale Plattform zur Veröffentlichung von Hausarbeiten, Abschlussarbeiten, wissenschaftlichen Aufsätzen, Dissertationen und Fachbüchern.

Besuchen Sie uns im Internet:

http://www.grin.com/

http://www.facebook.com/grincom

http://www.twitter.com/grin_com

Thema:

Prozess-Muster und Komponenten

Ausarbeitung
im Rahmen des Projektseminars „PICTURE"

am Lehrstuhl für Wirtschaftsinformatik und Informationsmanagement

vorgelegt von: Markus Dreßler

Abgabetermin: 2005-06-10

Inhaltsverzeichnis

Abbildungsverzeichnis

Abkürzungsverzeichnis

EPK	Ereignisorientierte Prozesskette
PICTURE	Process Identification and Clustering for Transparency in Reorganising Public Administrations
PPDL	Process Pattern Description Language
UML	Unified Modeling Language^{TM}

1 Einleitung

Die vorliegende Ausarbeitung ist eine von 15 im Rahmen des Projektseminars „PICTURE". Das PICTURE-Projekt hat die Zielsetzung, ein Software-Werkzeug zu entwickeln, mit dem öffentliche Verwaltungen Entscheidungen zur Investition in moderne Technologien bewerten und begründen können. Dieses Werkzeug ist ein Hilfsmittel für öffentliche Verwaltungen um der allgemeinen Forderung nach mehr Leistungstransparenz, Effizienz und Effektivität nachzukommen. Es gibt bestehende Ansätze, nach denen Verwaltungen diese Ziele erreichen können, indem sie lernen, unternehmerisch zu denken und zu handeln anstatt Aufgaben zu privatisieren. Städte und Kommunen werden als Konzerne mit Dienstleistungsbetrieben aufgefasst, die wirtschaftlich entscheiden und investieren müssen.[1] In diese Ansätze fügt sich das PICTURE-Werkzeug ein.

Eine zentrale Idee des PICTURE-Werkzeuges ist die Verwendung von Prozessmustern. Prozessmuster sind austauschbare und wieder verwendbare Module, die jeweils einen Lösungsvorschlag für eine bestimmte Aufgabe darstellen. Sie sollen jedoch nicht den Softwareentwicklungsprozess unterstützen. Vielmehr sollen Prozessmuster die Grundlage für eine prozessbasierte Modellierungssprache sein, die die Modellierung der behördlichen Prozesse durch Verwaltungsmitarbeiter erleichtert.

Von Bedeutung ist, dass sich das Thema „Prozessmuster" noch im Forschungsstadium befindet. Es existieren daher noch keine Lehrbücher über dieses Thema, die eine allgemein akzeptierte Sichtweise vermitteln. Statt dessen zeigen beinahe alle bisherigen Publikationen und Informationen zu diesem Thema eine uneinheitliche Auffassung ohne gemeinsame Basis. Begriffe werden mit teilweise stark von einander abweichenden Bedeutungen benutzt. Als Beispiel dient der Begriff „Komponente". Zum einen kann damit lediglich ausgedrückt werden, dass ein Prozess aus mehreren Unterprozessen besteht[2], andere verwenden den Begriff als Synonym für „Prozessmuster".[3] Lehrbücher über prozessverwandte Themen verwenden eine eher umgangssprachliche Definition von Komponenten und viele Texte über Muster benutzen diesen Begriff gar nicht.

All dies stiftet wenig Klarheit. Zielsetzung dieser Arbeit ist es daher, eine in sich geschlossene Eingrenzung des offenen Themas vorzunehmen und sich dabei auf ausgewählte Aspekte zu beschränken. Begrifflichkeiten sollen klar von einander getrennt werden, so dass keine Verwechslung möglich ist. Insgesamt sollen die Grundidee und

---

[1] Vgl. Steinberg (1996), S. 14 f.
[2] Vgl. Dittmann, Gruhn, Hagen (2002), S. 5 f.
[3] Vgl. Iida, Tanaka (2002), S. 1 f.

die wesentlichen Aspekte von Prozessmustern so konsistent und verständlich wie möglich vermittelt werden.

Eine anfängliche Übersicht führt in Kapitel 2 zunächst geläufige Prozessdefinitionen ein. Darauf folgend werden mögliche Prozesskomponenten identifiziert. Hierbei wird der Sichtweise von SCHANTIN gefolgt, nach der Prozesskomponenten konstituierende Merkmale eines Prozesses sind.[4] Nach einer Überleitung, die den Zusammenhang zwischen Prozesskomponenten und Prozessmustern schildert, werden in Kapitel 3 die wesentlichen Aspekte von Prozessmustern untersucht. Dieses Kapitel stellt den Hauptteil der Arbeit dar. Im Anschluss veranschaulicht ein praxisorientiertes Beispiel den Einsatz von Prozessmustern. Ein abschließendes Fazit fasst die Vor- und Nachteile der Verwendung von Prozessmustern bei Modellierungsaufgaben zusammen.

---

[4] Vgl. Schantin (2004), S. 44.

2 Prozesse und deren Eigenschaften

2.1 Definitionen

Betriebliche Prozesse und damit verbundene Forschungsgebiete gehören zu den in der Wissenschaft kontrovers diskutierten Themen. Es haben sich bereits unzählige Veröffentlichungen mit Prozessen im weitesten Sinne befasst. Jedoch herrscht noch nicht einmal ein Konsens darüber, ob es sich bei der Prozessidee um ein neues Konzept handelt, wie Mitte der 90er Jahre von HAMMER und CHAMPY[5] propagiert, oder nur um ein altes im neuen Gewand.[6]

Es existiert demzufolge noch keine einheitliche, allgemein akzeptierte Definition von Prozessen und darauf aufbauenden Begriffen wie Prozessorganisation oder Prozessmanagement.[7] Vielmehr betrachtet jeder Autor das Thema aus seiner persönlichen Sichtweise und legt eigene Schwerpunkte. Viele Prozessdefinitionen besitzen allerdings einige gemeinsame Kerngedanken. Beispiele hierfür sind die Auffassung eines Prozesses als eine Folge von Aktivitäten oder als eine Gesamtheit, in die ein bestimmter Einsatz eingeht und ein Ergebnis mit Wert hervorgeht.[8]

Durch die vielen verschiedenen Blickwinkel auf die Prozesswelt ist es vonnöten, mehrere Definitionen von Prozessen zu betrachten, um so einen Eindruck zu bekommen, was sich hinter dem Begriff „Prozess" als Ganzes verbirgt und welche Eigenschaften er besitzt.

Laut BECKER und KAHN ist ein Prozess definiert als die

> **„inhaltlich abgeschlossene, zeitliche und sachlogische Folge von Aktivitäten, die zur Bearbeitung eines prozessprägenden betriebswirtschaftlichen Objektes notwendig sind."[9]**

Neben dem Grundgedanken, dass es sich bei einem Prozess um eine Aktivitätenfolge handelt, liegt der Fokus bei dieser Definition auf dem Objekt, dass im Laufe eines Prozesses bearbeitet wird. Dieses Objekt bestimmt, welche Aktivitäten zu einem Prozess gehören. Betrachtet man im Weiteren die Definition von HAMMER und CHAMPY, laut der ein Prozess beschrieben wird als ein

---

[5] Im Buch „Reengineering the Corporation" (1993) von M. Hammer und J. Champy
[6] Vgl. Schober (2002), S. 6 f.
[7] Vgl. Seifert (1998), S. 158
[8] Vgl. Schantin (2004), S. 41
[9] Becker, Kugeler, Rosemann (2002), S. 6

„Bündel von Aktivitäten, für das ein oder mehrere unterschiedliche Inputs benötigt werden und das für den Kunden ein Ergebnis von Wert erzeugt."[10],

dann wird klar, dass dieses Objekt im Verlauf seiner Bearbeitung eine Wertsteigerung erfährt. Diese ist der eigentliche Zweck des Prozesses und die Geschäftsgrundlage von Unternehmen. Zudem liegt bei dieser Definition die Betonung auf der Kundenorientierung von Prozessen. Mit Kunden muss jedoch kein Endkonsument gemeint sein. Jede beliebige, interne oder externe Organisationseinheit oder auch ein anderer Prozess, der eine Leistung empfängt, kann Prozesskunde sein.[11]

In der Prozessdefinition von SCHMIDT, wird betont, dass bei einem Prozess

Input, häufig über mehrere Stufen, in Output transformiert wird.[12]

Das Vorhandensein einer bestimmten Eingabe und Ausgabe ist also eine Eigenschaft, die allen Prozessen gemein ist. Schließlich wird bei GAITANIDES ein weiterer Aspekt von Prozessen beschrieben. Laut seiner Definition kann sich ein Prozess

zwischen den Erfüllungsinhalten einer vorgefundenen Stellenaufgabe einerseits bis zu denen der Gesamtorganisation andererseits erstrecken.[13]

Dies impliziert, dass man den Prozessbegriff hierarchisch verwenden kann. Zum einen gibt es einen übergeordneten Prozess auf Unternehmensebene, der sich z.b. auf die Wertschöpfung als Ganzes bezieht. Zum anderen besteht ein solcher Prozess aus Teilprozessen mit jeweils eigenen Zielen und Ergebnissen und lässt sich in diese untergliedern. Der Detaillierungsgrad eines Prozesses ist daher skalierbar. Verbindet man diese Definition mit der vorhergehenden, so liegt der Gedanke nahe, dass der Output eines Teilprozesses jeweils den Input des sequentiell darauf folgenden Teilprozesses darstellt.[14]

Fasst man aus den obigen Definitionen die wesentlichen Punkte[15] zusammen, so lässt sich eine eigene Definition eines betrieblichen Prozesses bilden, die für den weiteren Teil dieses Textes zweckmäßig ist:

Ein Prozess ist eine zielgerichtete, funktionsunabhängige Gruppe von kundenorientierten Aktivitäten, die eine bestimmte Eingabe durch Zustandsänderun-

[10] Hammer, Champy (1996), S. 52
[11] Vgl. Schantin (2004), S. 47
[12] Vgl. Schmidt (1997), S. 1
[13] Vgl. Gaitanides (1983), S. 74 f.
[14] Vgl. Klepzig, Schmidt (1997), S. 74 f.
[15] Objektprägung, Kundenorientierung, Wertschöpfung, Skalierbarkeit und Bezug zu In- und Output

gen in eine wertgesteigerte Ausgabe überführt und durch Zerlegen oder Zusammensetzen hierarchisch skaliert werden kann.

Unsere Sprache erlaubt es, Dinge mit unpassenden Bezeichnungen zu versehen, die zu falschen Schlüssen führen können. Da sich solche Bezeichnungen auch in den Köpfen der Menschen festsetzen können, ist es sinnvoll, auch hervorzuheben, was Prozesse nicht sind. Prozesse sind nicht gleichbedeutend mit Unternehmensfunktionen und werden nicht von aufbauorganisatorischen Grenzen beschränkt. Statt dessen ist ein Prozess eine Betrachtungsweise, bei der mehrere Aufgaben, die ganz unterschiedlich sein können, aber ein bestimmtes Ergebnis gemeinsam haben, gruppiert werden. Den meisten Menschen ist ein eher aufgabenorientiertes Denken gemein. Um die Idee der Prozesse zu verinnerlichen und die Definitionen nicht falsch zu verstehen, ist es erforderlich, dieses Denken auf ein zielorientiertes umzustellen und eine Brücke über bestehende organisatorische Einheiten zu schlagen.[16]

2.2   Prozesskomponenten

2.2.1   Definition und Beschreibung

Prozesskomponenten sind die konstituierenden Merkmale eines Prozesses. Jeder Prozess muss diese Merkmale besitzen, damit es sich um einen solchen handelt.[17] Die wichtigsten Prozesskomponenten sind:

- Aktivitäten
- Primäre und sekundäre Inputs und Outputs
- Primäre und sekundäre Prozesskunden
- Prozessverantwortung
- Prozessziele
- Ressourcenbedarf

Im Folgenden wird jede dieser Komponenten kurz beschrieben. Eine grafische Darstellung findet sich in Abb. 1. Auf die Darstellung von Verantwortlichem, Zielen und Ressourcen-

---

[16] Vgl. Hammer, Stanton (1995), S. 33
[17] Vgl. Schantin (2004), S. 44

bedarf des Prozesses wurde verzichtet, da diese Elemente eher eine Kennzahl des Gesamt-
prozesses darstellen als den Ablauf der Bearbeitung.

Mit *Aktivitäten* sind jene Tätigkeiten gemeint, die der Bearbeitung des prozessprägenden
Objekts dienen. Aktivitäten werden durchgeführt, um eine festgelegte Aufgabe zu erfüllen
bzw. ein Problem zu lösen (siehe Kapitel 3.1). Mit einer Aktivität geht normalerweise eine
Wert steigernde Transformation des bearbeiteten Objekts einher. Die Aktivitäten eines
Prozesses dürfen nicht als von einander isolierte Elemente betrachtet werden, sondern alle
Aktivitäten stehen in einer Beziehung zu einander, die die Abarbeitungsreihenfolge fest-
legt.[18]

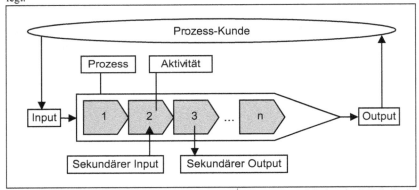

Quelle: Vgl. Schantin (2004), S. 47.

Abb. 1: Visualisierung eines Prozesses

Input und *Output* eines Prozesses können beliebige, physische oder nicht-physische Objekte wie z.b. Informationen sein, die in einen Prozess einfließen oder als Ergebnis aus diesem hervorgehen. Das Inputobjekt wird hierbei durch die einzelnen Bearbeitungsschritte
des Prozesses, die Aktivitäten, in seinen Outputzustand überführt. Zu unterscheiden sind
primäre und sekundäre In-/Outputs. Ein primärer Input ist der Faktor, der einen Prozess
auslöst und ein primärer Output stellt immer das abschließende Ergebnis und damit das
Ende eines Prozesses dar. Jedoch können auch Teilschritte eines Prozesses Objekte benötigen oder diese hervorbringen. Diese Objekte werden sekundäre In- bzw. Outputs genannt.
Diese haben zwar keinen direkten Einfluss auf den Anfang oder das Ende eines Prozesses,
können aber von kritischer Bedeutung zur Erreichung des Prozesszieles sein.[19] Zum Bei-

[18] Vgl. Schantin (2004), S. 44.
[19] Vgl. Schantin (2004), S. 45 f.

spiel benötigt der Prozess „Stahlerzeugung", um aus dem Input „Eisenerz" den gewünschten Output „Stahl" zu erzeugen, zumindest noch einen sekundären Input „Energie".

Unter *Prozesskunde* ist eine beliebige, externe oder interne organisatorische Einheit zu
verstehen, die als Quelle und als Senke für das im Prozess bearbeitete Objekt dient. Der
Kunde kann auch ein anderer Prozess sein, der ein Objekt weiterverarbeitet. Im Normalfall
gibt es nur einen Prozesskunden, der sowohl den Input bereitstellt als auch den Output, das
heißt die Leistung des Prozesses, in Empfang nimmt. Aus der Existenz von sekundären In-
und Outputs folgt, dass es auch sekundäre Kunden geben kann, die diese Inputs bereitstel-
len bzw. diese Outputs entgegennehmen. Diese müssen nicht gezwungenermaßen mit den
primären Kunden übereinstimmen.[20]

Prozessverantwortliche übernehmen beim Aufbau einer prozessorientierten Leistungserstellung die Analyse bestehender Prozesse und geben Vorschläge zur Neugestaltung. Zunächst besitzen sie noch keine Weisungsbefugnis, da ihre Vorschläge noch keine Verbind-
lichkeit besitzen.[21] Erst nach Einführung einer prozessorientierten Organisationsform be-
treut, steuert und koordiniert ein Prozessverantwortlicher einen Prozess. Gibt es innerhalb
eines Prozesses mehrere verschiedene Verantwortungsbereiche, so kommt es zwischen
diesen zu Schnittstellen. Diese Schnittstellen sind als mögliche Fehlerquellen zu betrachten, da es bei der Übergabe von Teilergebnissen des Prozesses zu Missverständnissen und
Fehlern kommen kann. Da die klassische Aufbauorganisation von Unternehmen funktions-
orientiert ist und ein Prozess per Definition funktionsübergreifend stattfindet, ist der Fall
von prozessinternen Verantwortlichkeitsschnittstellen als Normalfall anzusehen. Idealer-
weise sollte es nur einen einzigen Prozessverantwortlichen für den Gesamtprozess geben.
Mit der Vermeidung prozessinterner Schnittstellen geht auch eine Verringerung des Kom-
munikations- und Entscheidungsaufwandes einher.[22]

Ziele sind ein wesentlicher Bestandteil der prozessorientierten Betrachtungsweise eines
Unternehmens. Die Ziele eines Prozesses lassen sich in zwei Arten unterteilen: *Prozessziele* sowie *Formalziele*. Prozess- oder Leistungsziele beschreiben den Zustand des aus dem
Prozess hervorgehenden Objekts. Sie werden überprüft, indem das bearbeitete Objekt an
der Schnittstelle zum Kunden auf seine qualitative und quantitative Übereinstimmung mit
den Anforderungen hin verglichen wird. Prozessziele messen die Effektivität eines Prozesses, das heißt, ob etwas den Zielvorgaben entsprechend erreicht wurde. Formalziele hingegen legen fest, wie der Endzustand erreicht werden soll. Hierbei gilt, dass der Prozess in
Hinsicht auf Kosten, Zeit und Qualität oder daraus abgeleiteten, detaillierteren Kennzahlen

---

[20] Vgl. Schantin (2004), S. 46 f.
[21] Vgl. Brandstätt, Zink (1999), S. 17 f.
[22] Vgl. Schantin (2004), S. 49 ff.

optimal sein soll. Üblicherweise lassen sich diese Kriterien nicht alle simultan erreichen. Für die Erreichung von Leistungszielen ist die Prozesseffizienz maßgeblich und somit nicht, ob ein Endzustand erreicht wurde, sondern wie optimal der Weg dorthin ist.[23]

Als *Ressourcen* bezeichnet man alle Faktoren, die zur Leistungserstellung in einem Prozess notwendig sind. Diese können sowohl Sachmittel, die auf Kapital beruhen, als auch Arbeitskraft oder Wissen sein. Alle Inputs, die aus einem Prozess unverändert hervorgehen, so dass sie erneut benutzt werden können, werden als *Gebrauchsressourcen* bezeichnet. *Verbrauchsressourcen* hingegen sind Faktoren, die nach Abschluss eines Prozesses nicht mehr zur Verfügung stehen. Dazu gehören beispielsweise auch Bauteile, aus denen sich das Endprodukt des Prozesses zusammensetzt.[24]

2.2.2 Bedeutung für die Bildung von Prozessmustern

Während seiner Lebenszeit ist ein Prozess üblicherweise einer Evolution unterworfen. Neue Technologien verändern die Art der betrieblichen Leistungserstellung und Produkte werden der Produktpalette hinzugefügt oder aus ihr entfernt. Zum Beispiel könnte die Bearbeitung eines Antrags zunächst auf Papier erfolgen und nach Einführung eines Dokumentenmanagementsystems in elektronischer Weise. Um einen solchen Wandel im Prozess mit weniger Aufwand zu modellieren, ist es denkbar, einen Prozess in austauschbare Teile zu gruppieren. Diese Teile werden im Folgenden Prozessmuster genannt.

Prinzipiell gibt es mehrere Möglichkeiten, solche austauschbaren Teile zu finden. Hilfreich ist es, wenn man mehrere Prozesse vorliegen hat und in der Lage ist, zwischen diesen Gemeinsamkeiten zu erkennen. Damit erhöht sich die Wahrscheinlichkeit, ein so gefundenes Muster auch in weiteren Prozessen wieder verwenden zu können. Denkbare Gruppierungskriterien für Einzelaktivitäten mit dem Ziel der Mustererkennung sind:

- Inhaltliche Übereinstimmung. Aktivitäten, in denen die gleiche oder eine ähnliche Arbeit verrichtet wird, können gruppiert werden. Dieses ist der intuitivste Ansatz, denn üblicherweise gruppiert man Dinge anhand inhaltlicher Ähnlichkeit.

- Die Zugehörigkeit zu einer gemeinsamen Oberaktivität. Es ist denkbar, alle Teilaktivitäten zu gruppieren, mit denen eine Oberaktivität detailliert wird. Mit einer solchen Detaillierung und unterschiedlichen Abstraktionsniveaus werden Hierarchieebenen in der Prozessmodellierung realisiert.

---

[23] Vgl. Schantin (2004), S. 55 ff.
[24] Vgl. Schantin (2004), S. 54 f.

- Gleicher Input oder Output mehrerer Aktivitäten. In öffentlichen Verwaltungen dürften z.B. viele Aktivitäten existieren, die ein gleiches oder ähnliches Formular benötigen bzw. in ausgefüllter Form erzeugen.

- Gleiche Vor- oder Nachbedingungen von Aktivitäten. Beispielsweise könnten die Aktivitäten „Ware auspacken" und „Wareneingang verbuchen" beide von der gleichen Vorbedingung „Lieferantenware eingetroffen" abhängen und so eine Gruppierung rechtfertigen.

- Abarbeitung zur gleichen Zeit (parallele Abarbeitung von Aktivitäten)

- Gleiches ausführendes Organ bzw. gleicher Verantwortlicher

Generell lässt sich sagen, dass man Aktivitäten gruppieren kann, wenn diese mindestens eine gleiche oder ähnliche Prozesskomponente besitzen. Weitere Möglichkeiten zur Gruppierung von Aktivitäten sind denkbar. Es lässt sich jedoch sagen, dass vor allem die drei erstgenannten Punkte von praktischer Relevanz sind und bei der Identifikation von Prozessmustern im PICTURE-Projekt zum Einsatz kommen. Auf welche Art und Weise in einem Modellierungsvorhaben gruppiert wird, ist aber immer fallweise neu zu entscheiden, je nachdem, von welcher Bedeutung und Gewichtung die einzelnen Prozesskomponenten sind.

3 Die Idee der Prozessmuster: Ausgewählte Aspekte

3.1 Einordnung

Muster treten nicht nur in Prozessen, sondern in vielen Aspekten des Lebens auf. Ein Muster, ganz allgemein, beschreibt ein in der Umwelt beständig wiederkehrendes Problem und erläutert eine Lösung für dieses Problem, die man beliebig oft anwenden kann.[25]

Es gibt verschiedene Arten von Mustern, die sich grob in zwei Kategorien einteilen lassen: Muster, die bereits die fertige Lösung oder einen Teil davon liefern, im Folgenden „Ergebnismuster" genannt und Muster, die lediglich den Weg zu einer Lösung aufzeigen und die tatsächliche Lösung offen lassen, im Folgenden „Analysemuster" genannt.[26][27] Ein Beispiel für ein Ergebnismuster ist ein Implementierungsmuster, d.h. ein Muster, das für verschiedene Gegebenheiten vorgefertigte und bereits fertig ausformulierte Stücke des Programmcodes liefert. Analysemuster hingegen haben die Eigenschaft, dass sie verschiedene Implementierungen erlauben. Dies ist beispielsweise auch der Fall bei den wohl bekanntesten Mustern, den Entwurfsmustern (engl. „design patterns"). Diesen Namen tragen sie, da sie in der gleichnamigen Phase des Softwareentwicklungsprozesses zum Einsatz kommen. Auch Entwurfsmuster abstrahieren von einer konkreten Problemlösung und sind immer allgemein.[28] Muster lassen sich jedoch nicht mit letztendlicher Sicherheit festlegen, sondern es kommt immer auf die Perspektive des Modellierers an.

Die hier untersuchten Prozessmuster leiten sich aus der Welt des Software-Engineerings ab. Da Prozessmuster ein Problem bzw. eine Aufgabe nicht lösen, sondern lediglich den Weg dorthin aufzeigen, gehören Prozessmuster zu den Analysemustern.[29] Eine solche Aufgabe ist z.b. die Erstellung einer betrieblichen Leistung oder die Durchführung einer Reorganisationsmaßnahme. Der Prozess ist keine Lösung solcher Aufgaben, sondern ein Weg zur Lösung, der jedes Mal anders aussehen kann.

Viele Autoren verstehen Prozessmuster als eine Portierung der Idee von Entwurfsmustern auf eine andere Bedeutungebene unter Beibehaltung der charakteristischen Eigenschaften. Vorhandene Literatur und Forschungsberichte beziehen sich zum größten Teil auf den dazugehörigen Vorgang der Softwareentwicklung. Es stellt sich daher die Frage, inwiefern bereits vorhandene Untersuchungen hinreichend allgemein sind, um die Idee der Prozess-

---

[25] Vgl. Alexander et al. (1977), S. X; zitiert nach: Gamma et al. (2004), S. 3.
[26] Vgl. Dittmann, Gruhn, Hagen (2002), S. 1.
[27] Mit „Analyse" ist ausdrücklich nicht die gleichnamige Phase des Softwareentwicklungs-Prozesses gemeint, mit dem Muster meistens in Verbindung gebracht werden.
[28] Vgl. Gamma et al. (2004), S. 4 f.
[29] Vgl. Dittmann, Gruhn, Hagen (2002), S. 1.

muster auf betriebswirtschaftliche Unternehmensprozesse zu übertragen. Die Softwareentwicklung lässt sich als ein Prozess betrachten, der sich konzeptionell nicht von einem beliebigen, allgemeinen Prozess der Leistungserstellung in einem Unternehmen unterscheidet. Daher ist es möglich, diese Übertragung auf eine höhere Abstraktionsebene vorzunehmen.

Wenn man einen Geschäftsprozess modellieren möchte, ist dies bei komplexeren Prozessen häufig eine große, langwierige und kostspielige Aufgabe. Die Idee, zur Erleichterung dieser Aufgabe einen bereits fertig modellierten, ähnlichen Prozess zu benutzen, liegt daher nahe. Da sich betriebliche Leistungen und damit auch die zugrunde liegenden Prozesse im Lauf der Zeit evolutionär verändern können, kann dies sogar der unmittelbare Vorgängerprozess sein. Es hat sich allerdings das Problem gezeigt, dass sich Prozesse häufig so stark wandeln oder zwischen Produktkategorien derart verschieden sind, dass eine Wiederverwendung keine oder nur begrenzte Kosten- und Zeiteinsparungen beim Modellieren erzeugt.[30] Dieses ist vor allem bei Unternehmen mit heterogener Produktpalette der Fall, zu denen man auch die öffentlichen Verwaltungen zählen kann. Aus diesem Grund werden Prozessmuster gebildet und eingesetzt.

3.2 Grundgedanke von Prozessmustern und deren Verwendung

Der Grundgedanke von Prozessmustern ist die schablonenhafte Wiederverwendung von bestehenden und bewährten Prozessstücken in anderen, neuen Prozessen. Hierzu ist es erforderlich, dass die benutzten Prozessstücke hinreichend allgemein sind und bei der Bildung der Prozessmuster gegebenenfalls abstrahiert wird, um das Prozessstück auf andere, ähnliche Prozesse übertragbar zu machen. Das fertige Prozessmuster stellt dann eine bewährte Lösung für das wiederkehrende Problem der Prozessmodellierung dar[31]. Bei der Verwendung von Prozessmustern wird die hinter dem jeweiligen Muster stehende Verfahrensweise für den aktuell bearbeiteten Prozess so modifiziert, dass sie zu dem Prozess passt.

Prozessmuster können hierarchisch verwendet werden. Hierbei lässt sich eine Teilaktivität des Prozesses in mehrere Unterprozesse zerlegen, zu denen jeweils wieder neue Prozessmuster gefunden werden können. Auf diese Weise können sich zwei Detaillierungen einer gleichen Aktivität auf einer niedrigeren Abstraktionsebene doch unterscheiden, wenn verschiedene Prozessmuster verwendet werden. Der mit dem Modell dargestellte Prozess wird zunehmend detailliert, bis der gewünschte Detaillierungsgrad erreicht ist. Das entspricht

---

[30] Vgl. Iida, Tanaka (2002), S. 2.
[31] Vgl. Dittmann, Gruhn, Hagen (2002), S. 1.

einer top-down-Modellierung. Ein solches Vorgehen der Variation des Abstraktionsniveaus von Prozessen abhängig vom benötigten Detaillierungsgrad wird auch z.b. von der Modellierungsmethode „Process Landscaping" unterstützt.[32]

Beispielsweise gibt es bei der Entwicklung und dem Testen integrierter Automobilkomponenten, wie z.b. einem elektronisch beheizten Vergaser oder einem elektronischen Schaltgetriebe, Arbeitsschritte, die übereinstimmen, wenn man bis zu einem gewissen Grad von ihnen abstrahiert. Dort zeigte die Erfahrung, dass man z.b. bei der Entwicklung dieser Komponenten immer erst eine Spezifikation des Umfeldes der neuen Komponente durchführen muss. Für die Bildung von Prozessmustern wurde zunächst der gesamte Entwicklungsprozess als ein Arbeitsschritt angesehen und für diesen dann in schrittweisen Verfeinerungen Muster gebildet. Als Ergebnis gelten diese gefundenen Muster für jeden Entwicklungsprozess integrierter Automobilkomponenten (siehe Anhang B).[33]

Das obige Beispiel verdeutlicht, dass eine Verwendung von Prozessmusters immer dann möglich und sinnvoll ist, wenn alle oder viele Projekte einem ähnlichen Grundablauf folgen. Dann sind auch die dazugehörigen Prozesse zumindest von der groben Struktur her ähnlich. Im obigen Beispiel wurden die Aktivitäten einzelner Prozesse größtenteils aufgrund einer inhaltlichen Übereinstimmung gebündelt und als ein Muster betrachtet (siehe Kapitel 2.2.2). Von Bedeutung sind jedoch auch die Schnittstellen der Teilprozesse untereinander und damit die Gruppierung aufgrund gleichen Inputs oder Outputs. Im Beispiel der Automobilkomponenten wurden Prozessmuster auch dadurch identifiziert bzw. gebildet, dass in den einzelnen Entwicklungsprozessen jeweils ähnliche Dokumente oder Informationen vorausgesetzt bzw. produziert wurden. So wurde z.B. aus allen Teilprozessen, die ein Simulationsmodell erzeugen, ein allgemeingültiges Prozessmuster „Umgebung festlegen" gebildet (siehe Anhang B).[34] Generell lässt sich sagen, das ein gutes Umfeld für die Verwendung von Prozessmustern vorliegt, wenn es viele Prozesse oder Prozessteile gibt, die in einer oder mehreren Komponenten übereinstimmen.

Durch die Verwendung von Prozessmustern ergeben sich Produktivitätsvorteile bei der Zusammenstellung neuer Prozesse. Diese bestehen darin, dass das Zusammenstellen nicht mehr auf unterster Ebene erfolgen muss, sondern mit Prozessmustern jeweils ganze Blöcke auf einmal hinzugefügt werden können. Im Optimalfall müssen diese Blöcke dann nur noch minimal angepasst werden. Die Bildung dieser Blöcke von Aktivitäten sowie die Stelle, an der diese Blöcke, also die Prozessmuster, in einen Gesamtprozess eingefügt werden, werden hierbei durch das zu lösende betriebliche Problem bestimmt. Das Problem

---

[32] Vgl. Gruhn, Wellen (o. J.), S. 2.
[33] Vgl. Orehek (2002), S. 3 ff.
[34] Vgl. Orehek (2002), S. 3.

bzw. die Aufgabe ist der Kontext für die Zugehörigkeit einer Aktivität zu einem Prozess-muster. Ein solches Problem wirkt wie ein Platzhalter für mehrere Arbeitsschritte, die durchgeführt werden müssen, um das Problem zu lösen. Benutzt man mehrere Prozessmus-ter als austauschbare Alternativen für dieselbe Stelle im Gesamtprozess, so stellt jedes von ihnen eine Lösungsmöglichkeit für das Problem dar. Dieser Zusammenhang wird mit dem Modell in Abbildung 2 verdeutlicht: Zu jedem Problem gibt es 0 bis n passende Muster, die es lösen. Jedes davon stellt genau eine Lösung dar, die wiederum aus 1 bis n Einzelak-tivitäten besteht. Jeder Einzelschritt kann selbst wiederum ein neues Problem darstellen. In diesem Fall wird der Detaillierungsgrad erhöht und eine Abstraktionshierarchie gebildet. Zu beachten ist, dass eine Aktivität in mehr als nur einer Problemlösung vorkommen kann.[35]

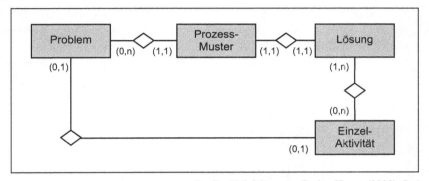

Quelle: Vgl. Dittmann, Gruhn, Hagen (2002), S. 4.

Abb. 2: Zusammenhänge bei der Verwendung von Prozessmustern

3.3 Arbeitsdefinition

Ähnlich wie schon bei Prozessen gibt es auch für Prozessmuster keine einheitliche und allgemein akzeptierte Definition. Aus den bisher angestellten Überlegungen und For-schungsberichten zum Thema lässt sich jedoch eine vorläufige Arbeitsdefinition ableiten, die für diese Ausarbeitung zweckmäßig sein soll. Diese lautet:

Ein Prozessmuster ist eine wieder verwendbare Gruppierung von Aktivitäten mit klar definierten und dokumentierten Schnittstellen und Verantwortlich-keiten, die eine Lösungsmöglichkeit für eine betriebliche Problemstellung dar-

---

[35] Vgl. Dittmann, Gruhn, Hagen (2002), S. 4.

stellt. Zu einer betrieblichen Problemstellung gehören eine oder mehrere Aktivitäten.

Diese Definition beinhaltet zum einen den Hauptnutzen von Prozessmustern: Die Wiederverwendbarkeit. Dieses wird erreicht, indem Aktivitäten zu austauschbaren Modulen gruppiert werden. Zum anderen wird eine wichtige Anforderung an Prozessmuster genannt: Eine klare Definition und Dokumentation. Eine Verbreitung der Idee der Prozessmuster und eine effiziente und effektive Nutzung von Prozessmustern kann es nur geben, wenn man präzise und einheitliche Dokumentationsstandards verwendet, die Mehrdeutigkeiten vermeiden.[36] In der Definition kommt auch der in Abbildung 2 dargestellte Zusammenhang zwischen Prozessmustern und Problemen zum Ausdruck. Da ein Prozessmuster nur eine Lösungsmöglichkeit darstellt, sind andere Prozessmuster, die das selbe Problem lösen, Alternativen zum ersten Muster. Zwei derartige Prozessmuster, die eine Alternative zu einander repräsentieren, sind in Abbildung 3 zu sehen. Die betriebliche Problemstellung ist hierbei eine Black Box, zu der lediglich die Eingangs- und Ausgangs-

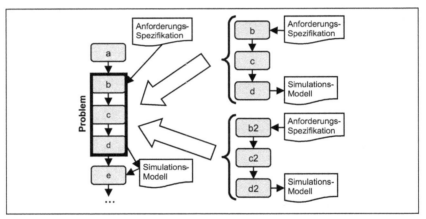

Abb. 3: Nicht-hierarchische Verwendung von Prozessmustern mit 2 Alternativen

bedingungen bekannt sind. Diesem Problem werden hier zunächst drei Aktivitäten zugeordnet. Diese sind natürlich auch gleichbedeutend mit einem Prozessmuster, das die erste Lösungsmöglichkeit für dieses Problem darstellt. Mit dem letzten Satz der Definition wird auf den hierarchischen Aspekt von Prozessmustern eingegangen: Wenn zu dem ursprünglichen Problem nur eine Aktivität gehörte, dann stellt ein Prozessmuster, dass dieses Problem löst, genau dann eine Detaillierung dar, wenn es mehr als eine Aktivität beinhaltet.

---

[36] Vgl. Hagen (2002), S. 1 f.

Dieser Fall ist in Abbildung 4 zu sehen. Dort gehört zu dem ursprünglichen Problem nur die Aktivität b, während die beiden neuen, Problem lösenden Prozessmuster jeweils drei Aktivitäten beinhalten. Daher stellen diese eine Detaillierung dieser Aktivität dar und somit einen geringeren Abstraktionsgrad dar. Zudem wurde im Gegensatz zu Abbildung 3 darauf verzichtet, die Aktivität b, die das Problem im ursprünglichen Prozessmodell gelöst hat, als erstes Prozessmuster zu verwenden.

3.4 Schnittstellen und Beziehungen

Prozessmuster existieren nicht unabhängig von einander, sondern sind mit einander verbunden. Für die Verbreitung und Akzeptanz von Prozessmustern ist es von großer Wichtigkeit, diese Zusammenhänge und Interaktionen zu definieren, insbesondere, wenn auf ein Prozessmuster noch weitere folgen. Um diese Verbindung fehlerfrei modellieren zu können, muss man sich sowohl über die Schnittstellen eines jeden Prozessmusters als auch über die möglichen Typen von Beziehungen zwischen zwei Prozessmustern im Klaren sein.

Aufgabe einer Schnittstelle ist es, dem Modellierer Informationen über eine vernünftige Zusammenstellung der Prozessmuster zu liefern.[37] Die Schnittstelle schränkt die Anzahl der möglichen Verbindungen zu anderen Prozessmustern ein.[38] Prozessmuster werden modular benutzt. Dies bedeutet, dass die einzelnen Module austauschbar sind und daher auch auf einander abgestimmt werden müssen. Für diese Abstimmung ist eine Schnittstellenspezifikation und -dokumentation von essentieller Bedeutung. Existieren mehrere Prozessmuster als alternative Lösungsmöglichkeiten für das selbe Problem, so müssen alle Muster exakt die selbe Schnittstelle aufweisen wie das zu lösende Problem (vgl. Abbildung 3).[39] Wäre dies nicht der Fall, so wären die als Alternative gedachten Prozessmuster nicht mehr gegen einander austauschbar. Da jedes Prozessmuster einen alternativen Ablauf darstellt, muss dessen Schnittstelle zum restlichen Prozessablauf passen.

Auch wenn Prozessmuster hierarchisch verwendet werden, muss gelten, dass Problem und Muster die selbe Schnittstelle aufweisen. Genauer gesagt ist es für die detaillierteren Aktivitäten notwendig, dass sie, als Gesamtheit betrachtet, die gleiche Schnittstelle aufweisen wie das Problem, dass dieses Prozessmuster lösen soll. In Abbildung 4 ist ein abstraktes Beispiel zu sehen. Der ursprüngliche Prozess beinhaltet eine sehr umfangreiche Teilaktivität b. Diese sei identisch mit einem zu lösenden Problem, z.B. dem Erstellen eines Pflichtenheftes. Weiterhin seien nun zwei Problem lösende Prozessmuster denkbar, in denen die

[37] Vgl. Gnatz u.a. (2002), S. 3.
[38] Vgl. Iida, Tanaka (2002), S. 4.
[39] Vgl. Dittmann, Gruhn, Hagen (2002), S. 3.

Aktivität in drei Einzelaktivitäten aufgeteilt wurde. Die Prozessmuster können sich nun unterscheiden in Hinsicht darauf, an welcher Stelle der Input, hier das Lastenheft, einfließt und der Output, hier das Pflichtenheft, entsteht. Wichtig ist lediglich, dass alle Prozessmuster als Gesamtheit betrachtet die selbe Schnittstelle besitzen müssen wie die ihnen zugeordnete Aufgabe.

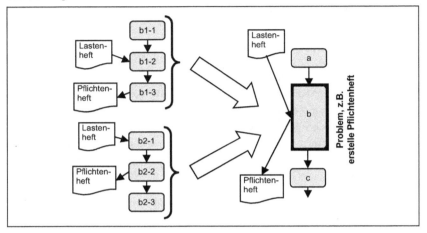

Abb. 4: Hierarchische Verwendung von Prozessmustern mit 2 Alternativen

Die Dokumentation einer Prozessmusterschnittstelle sollte Informationen über die folgenden Punkte enthalten:[40]

- Eingangsbedingungen des Musters

- Ausgangsbedingungen des Musters

- Die jeweils übergebenen Daten oder Dokumente,[41] „Arbeitsgegenstände" genannt (siehe Kapitel 3.5)

- Systemzustand bzw. Gesamtsituation, wenn nötig.

Zusammenfassend lässt sich sagen, dass die Identifikation und Dokumentation von Schnittstellen für Prozessmuster wie für Gesamtprozesse eine wichtige Vorraussetzung für die Prozessmodellierung ist.

---

[40] Vgl. Dittmann, Gruhn, Hagen (2002), S. 2 f.
[41] Vgl. Iida, Tanaka (2002), S. 3.

Zwei Prozessmuster können zu einander in verschiedenen Beziehungen stehen. Wie oben ist es auch hier von Bedeutung, die Beziehungstypen klar zu definieren, ihre Regeln zu formalisieren und, wenn möglich, in einer Prozessmustersprache diese Regeln prüfen zu können. Die wichtigsten Beziehungstypen sollen hier kurz beschrieben werden. Diese sind:[42]

- Sequenz

- Variante

- Verfeinerung

- Hierarchie.

Die einfachste Beziehung, die Sequenz- oder Nachfolger-Beziehung, besagt, dass zwei Prozessmuster in einem zeitlichen und logischen Ablauf auf einander folgen. Das vorausgehende Muster erstellt alle Objekte, die das nachfolgende Muster verbraucht. Die Eingangsbedingung des Nachfolgers entspricht somit der Ausgangsbedingung des Vorgängers.

Stehen zwei Prozessmuster in der Beziehung „Variante" zu einander, dann sind sie alternative Lösungen für das selbe Problem und könnten gegen einander ausgetauscht werden. Dieses trifft z.b. jeweils auf die beiden Prozessmuster in Abbildung 3 und 4 zu.

Die Verfeinerung kann auch als Spezialisierung aufgefasst werden. Das verfeinerte Muster muss die selbe Schnittstelle besitzen wie das Ursprungsmuster. Demzufolge bildet es den selben Prozess in detaillierterer Form ab.

Im Gegensatz dazu stehen zwei Prozessmuster A und B in hierarchischer Beziehung, wenn B nur einen Teil des A-Prozesses umfasst. Beispielsweise benutzt in A eine Einzelaktivität Muster B. Erst alle hierarchischen Prozessmuster zusammen umfassen den gleichen Prozess wie A. Gibt es beispielsweise ein Prozessmuster „Entwurf" und besteht der Entwurf fachlich aus den Teilschritten Komponentenentwurf und Datenbankentwurf, so stehen die Prozessmuster zu diesen Teilschritten in hierarchischer Beziehung zu „Entwurf".[43]

---

[42] Vgl. Dittmann, Gruhn, Hagen (2002), S. 4 f.
[43] Vgl. Dittmann, Gruhn, Hagen (2002), S. 6.

3.5 Modellierung

3.5.1 Motivation und Methoden

Wenn man Prozesse modelliert, so geschieht dies zu einem bestimmten Zweck bzw. mit einem bestimmten Ziel. Das gilt auch für Prozessmuster, die nichts anderes als Teilprozesse darstellen. Zu nennen sind vor allem der Dokumentations- und der Analysezweck einer Modellierung.[44] Zudem trägt Prozessmodellierung neben der Erhöhung der Transparenz von Abläufen durch Dokumentation auch zur Qualitätssicherung bei. Die Qualität von Produkten hängt häufig eng mit der Qualität der Prozesse, die diese erzeugen, zusammen, weswegen es auch Qualitätsstandards und Zertifikate mit Anforderungen an die betrieblichen Prozesse gibt.[45]

Damit sich eine neue Idee wie die der Prozessmuster verbreitet und akzeptiert wird, ist es wichtig, dass sich das Konzept ausreichend formalisieren und dokumentieren lässt. Obwohl sich ein Prozessmuster auch informell durch natürliche Sprache beschreiben lässt, ist eine solche Beschreibung nicht ausreichend, da Mehrdeutigkeiten auftreten können, weil die Präzision nicht hoch genug ist.[46] Um das zu verhindern und so die Eindeutigkeit einer Beschreibung zu gewährleisten, werden übereinstimmende Standards und Normen benötigt. Modellierungssprachen realisieren einen solchen Standard zur Beschreibung, Visualisierung und Austausch von Prozessmustern. Einheitliche Modelle können nur entstehen, wenn auch eine einheitliche Modellierungssprache für Prozessmuster zu Grunde liegt.

Für die Entwicklung einer Modellierungssprache für Prozessmuster gibt es grundsätzlich zwei verschiedene Ansätze. Zum einen besteht die Möglichkeit, eine bereits bestehende Sprache passend zu erweitern. Ein Beispiel dafür ist PPDL, das auf UML als Sprachgrundlage basiert.[47] Eine Kurzbeschreibung von PPDL findet sich im Anhang A. Eine solche Vorgehensweise bietet den Vorteil, dass die Spracherweiterung vom Verbreitungsgrad der Sprache profitieren kann und so eher verstanden und akzeptiert wird.

Zum anderen kann man die Alternative wählen, eine vollständig neue Sprache zu entwickeln, die sich höchstens lose an bestehende Notationen und Verfahren anlehnt. Ein Beispiel hierfür ist die Methode des „Process Landscaping". Diese Methode benutzt ein grobes, abstraktes Gesamtbild aller Prozesse wie einen Ordnungsrahmen und variiert dann selektiv den Detaillierungsgrad von Prozessen und deren Schnittstellen (siehe Anhang C).

---

[44] Vgl. Gruhn, Wellen (o. J.), S. 1.
[45] Vgl. Steinberg (1996), S. 42 f.
[46] Vgl. Hagen (2002), S. 1.
[47] Vgl. Dittmann, Gruhn, Hagen (2002), S. 6.

Bei dieser Methode werden die Schnittstellen im Gegensatz zu den meisten anderen Prozessmodellierungssprachen als explizite Sprachobjekte mit berücksichtigt.[48]

Im Gegensatz zur Erweiterung einer bestehenden Sprache bietet eine gänzlich neu entworfene Sprache den Vorteil, dass sie aufgrund der höheren Spezialisierung für ihr konkretes Themengebiet ausdrucksstärker ist als eine allgemeinere Sprache. Andererseits kann eine neue Sprache nicht von einem bereits hohen Verbreitungsgrad profitieren.

Unabhängig von der Art der benutzten Modellierungssprache muss diese gewisse Anforderungen erfüllen. Diese umfassen sowohl Sprachelemente für alle gewünschten Objekte wie z.b. Aktivitäten, Ergebnisse, Rollen oder Zustände als auch Konsistenzbedingungen und Regeln für die Beziehungen zwischen den Sprachelementen.[49]

3.5.2 Gegenstände der Modellierung

Neben der Modellierungsmethode sind auch die Gegenstände der Modellierung von Prozessmustern von Bedeutung. Der wichtigste Modellierungsinhalt ist der eigentliche Prozessablauf des jeweiligen Prozessmusters, die zeitliche bzw. sachlogische Folge der Einzelaktivitäten. Beispiele populärer Sprachen zur Modellierung von Abläufen sind das UML-Aktivitätsdiagramm, die ereignisorientierte Prozesskette (EPK) und Petri-Netze. Diese sind auch im Rahmen einer Modellierungssprache für Prozessmuster geeignet, um den enthaltenen Teilprozess darzustellen.

Man sollte jedoch nicht nur das eigentliche Prozessmuster modellieren, sondern im Zuge dessen auch die Struktur und Zusammenhänge der bearbeiteten immateriellen oder materiellen Objekte. Diese werden beinahe übereinstimmend als „Arbeitsgegenstände" (engl. „work artifacts") bezeichnet.[50] Mit Arbeitsgegenständen ist alles gemeint, das in einen Prozessschritt hineinfließt oder aus ihm hervorgeht und keine Aktivität darstellt. Beispiele für Arbeitsgegenstände sind Modelle, die in einem Prozessablauf entstehen, Daten und jegliche Art von Dokumenten. Ein Arbeitsgegenstand kann hierbei wieder aus Arbeitsgegenständen bestehen.[51] Sinn der Modellierung von Arbeitsgegenständen ist es, Teilprozesse einfacher und besser identifizieren zu können. Zudem wird Wissen über den zu Grunde liegenden Prozess gesammelt, so dass mögliche Schwachstellen oder Engpässe schon vor der eigentlichen Prozessmodellierung entdeckt werden können. Zusammen mit dem Gegenstück, den „Prozessgegenständen" (engl. „process artifacts") bilden die Arbeitsgegens-

[48] Vgl. Gruhn, Wellen (o. J.), S. 2.
[49] Vgl. Dittmann, Gruhn, Hagen (2002), S. 6 f.
[50] Vgl. Orehek (2002), S. 2 f.; Bergner, Rausch (2002), S. 2.; Dittmann, Gruhn, Hagen (2002), S. 5 f.
[51] Vgl. Kruchten (2002), S. 4.

tände das Kernelement der Prozessmodellierung. Um Arbeitsgegenstände zu modellieren, benötigt man eine Sprache, mit der man die Daten- und Dokumentstruktur eines Prozesses darstellen kann. Geeignet dafür ist z.b. ein gegebenenfalls vereinfachtes UML-Klassendiagramm oder ein Entity Relationship Model (ERM).**Dokumentation**

Die Dokumentation ist einer der wichtgsten Modellierungszwecke (siehe Kapitel 3.5.1). Zudem können durch eine einheitliche Beschreibungsgrundlage Modelle weitergegeben werden und vom Betrachter genauso verstanden werden wie beabsichtigt.

Die Erstellung der Dokumentation hat jedoch mit einigen klassischen Problemen zu kämpfen. Oft wird entweder gar keine Dokumentation erstellt, weil es von den Fachspezialisten als eine unangenehme Aufgabe empfunden wird, die sie von ihrer eigentlichen Arbeit ablenkt. Auch kommt es vor, dass die Dokumentation unzureichend ist, weil sie von reinen Dokumentationsspezialisten erzeugt wurde, die nicht über eine ausreichende Kenntnis des zu dokumentierenden Systems verfügen.[52] Wenn die Prozessmusterdokumentation über derartige Defizite verfügt sind diese mit der Gefahr der mangelnden Präzision der Modellierungssprache vergleichbar (siehe Kapitel 3.5.1). Beides ist ein Hemmnis für die Verbreitung von Prozessmustern und führt zu Mehrdeutigkeiten.

Eine ausreichende Prozessmusterdokumentation beschreibt mindestens die folgenden Elemente:[53]

- Das Problem, zu dem das Prozessmuster eine Lösung darstellt

- Den Teilprozess, der in einem Prozessmuster abläuft

- Alternative Prozessmuster, die an dieser Stelle verwendet werden können. Ein Prozessmuster kann genau dann als Alternative zu einem anderen verwendet werden, wenn die Schnittstellen beider mit der des Problems übereinstimmen (siehe Kapitel 3.2 und 3.4).

- Sämtliche anderen, z.b. hierarchischen Beziehungen des Musters zu anderen

PPDL stellt einen möglichen Standard für die Dokumentation dar (siehe Anhang A).

---

[52] Vgl. Scott (2002), S. 1.
[53] Vgl. Dittmann, Gruhn, Hagen (2002), S. 8 ff.

4 Ein konkretes Verwendungsbeispiel für Prozessmuster

Prozessmuster lassen sich prinzipiell bei jeder Prozessmodellierung einsetzen. Um aber ihren Nutzen hervorzuheben, ist es sinnvoll, ein Beispiel zu geben, welches nicht nur ihre Wiederverwendbarkeit zeigt, sondern auch ihre modulare Austauschbarkeit.

Beides sieht man in Abbildung 5. Der Prozessmodellierer hat zunächst das Grundgerüst eines Prozesses identifiziert. In diesem Beispiel ist das ein normaler Bezahlprozess, wie er z.B. im Einzelhandel regelmäßig auftritt. Dieses Grundgerüst ist in der Abbildung links zu sehen. Da bereits beim Modellieren klar ist, dass es prinzipiell mehrere Möglichkeiten gibt, den Bezahlvorgang durchzuführen, werden an dieser Stelle Prozessmuster benutzt.

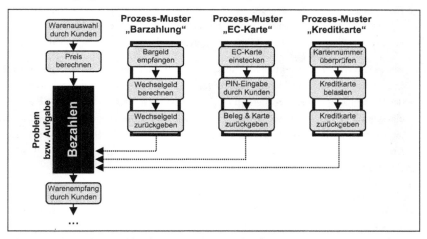

Abb. 5: Drei mögliche und intuitive Prozessmuster für einen Bezahlvorgang

Der Bezahlvorgang wird hierbei als eine betriebliche Problemstellung bzw. Aufgabe angesehen, die man mit einem von mehreren zur Auswahl stehenden Prozessmustern lösen kann. Das Problem ist als eine „Black Box" dargestellt, um zusymbolisieren, dass Details des Inhalts erst bekannt sind, wenn man ein konkretes Prozessmuster zur Realisierung ausgewählt hat. Alle an dieser Stelle zur Verfügung stehenden Prozessmuster haben die selbe Vorgängeraktivität „Preis berechnen" und dieselbe Nachfolgeraktivität „Warenempfang durch Kunden". Als drei exemplarische Prozessmuster stehen hier die Zahlung in Bar, mit EC-Karte und mit Kreditkarte zur Verfügung, die alle die selbe Aufgabe, Schnittstellen sowie Vor- und Nachbedingungen haben. Es ist möglich, die drei Prozessmuster noch weiter zu verfeinern, indem einzelne Aktivitäten stärker detailliert werden.

5   Schlussbetrachtung

Prozesse sind keine neue „Erfindung", sondern haben schon immer existiert. Jedoch waren wir uns ihrer noch nicht in einem Maße bewusst wie heutzutage. Der Grundgedanke der Geschäftsprozessmodellierung ist es, sich dieses Wissen zu Nutze zu machen und dafür zu verwenden, ein Unternehmen umzustrukturieren, um es effizienter arbeiten und damit letztlich profitabler werden zu lassen[54].

Die Verwendung von Prozessmustern bietet einige Potentiale. Der Hauptnutzen ist zweifellos die Verringerung des Aufwands der Prozessmodellierungs. Dies wird erreicht, indem bewährtes Wissen wieder verwendet wird. Durch die Identifikation von Prozessmustern ist es möglich, Gemeinsamkeiten im Ablauf zu finden, die vorher unbekannt waren. So können Einsparpotentiale gefunden werden, indem man zuvor getrennte organisatorische Einheiten prozessorientiert zusammenlegt und so Synergieeffekte realisiert.
Ein weiterer, indirekter Vorteil von Prozessmustern liegt darin, allgemeine Schwachstellen und Verbesserungsmöglichkeiten des Prozesses zu finden. Dieser Nutzen folgt weniger aus der Verwendung von Prozessmustern an sich, sondern daraus, dass für deren Verwendung eine vorherige Prozessanalyse normalerweise zwingend notwendig ist. Prozessmuster bieten auch Vorteile in Hinsicht auf die Dokumentation der Abläufe. Durch eine gemeinsame Beschreibungsgrundlage wird ein Informationsaustausch wesentlich erleichtert und sowohl für Mitarbeiter als auch für Kunden wird die Transparenz erhöht.[55]

Durch die genaue Spezifikation und Dokumentation der Schnittstellen kann die Fehlerrate beim Austausch von Daten und Dokumenten verringert werden, da an Prozessschnittstellen beispielsweise fehlerträchtige Medienbrüche auftreten können. Schließlich stellt die Bildung von Prozessmustern auch eine Sammlung von Wissen dar. So ist im Rahmen des PICTURE-Projektes geplant, dass die Sachbearbeiter der öffentlichen Verwaltungen selbst anhand eines Prozessmusterkataloges ihre Prozesse modellieren. Da niemand ihre Prozesse besser kennt als sie selbst, stellt eine solche Vorgehensweise eine Externalisierung von implizitem Prozesswissen dar.[56] Das Wissen über die Prozesse existierte möglicherweise zuvor nur in den Köpfen der Sachbearbeiter. Dieses nun verfügbare Wissen kann beispielsweise später zur Einführung eines Workflow-Systems oder Dokumentenmanagementsystems genutzt werden.

Mit der Benutzung von Prozessmustern sind andererseits auch Gefahren verbunden. Zunächst einmal ist anfänglich ein höherer Aufwand für die Prozessmodellierung notwendig,

---

[54] Vgl. Hammer, Stanton (1995), S. 11 ff.
[55] Vgl. Orehek (2002), S. 8.
[56] Vgl. Dittmann, Gruhn, Hagen (2002), S. 2.

da die Prozessmuster zunächst einmal identifiziert und beschrieben müssen. Produktivitätsvorteile ergeben sich erst bei wiederholtem Gebrauch. Die Vorteile, die sich aus einer genauen Schnittstellenbeschreibung ergeben, können sich bei unzureichender Beschreibung ins Gegenteil verkehren. Wenn man sich über die Schnittstellen zwischen Prozessmustern im Unklaren ist, kann dies eine neue Fehlerquelle sein, die den Nutzen von Prozessmustern zunichte macht.

Schließlich gibt es auch das Problem der Auswahl des richtigen Prozessmusters. Besonders, wenn es viele Alternativen zur Auswahl gibt, kann es nicht auf den ersten Blick ersichtlich sein, welche die richtige für den konkreten Prozess ist. Die Auswahlmöglichkeiten können zu Unsicherheit und Unschlüssigkeit führen, speziell, wenn der Modellierer wenig Erfahrung auf diesem Gebiet hat. Im Fall, dass keine der alternativen Prozessmuster an einer Stelle sinnvoll ist und passt, muss ein individueller Prozess, dessen Modellierung mit höherem Aufwand verbunden ist, verwendet werden.[57]

Zusammenfassend lässt sich sagen, dass die potentiellen Nutzen der Verwendung von Prozessmustern bei der Prozessmodellierung die Gefahren übersteigen. Nicht zuletzt deshalb ist es eines der ersten und vorrangigsten Ziele des PICTURE-Projekts, einen Prozessmusterkatalog zu erstellen und, basierend auf diesem, mit einer geeigneten Sprache Prozesse zu modellieren und zu visualisieren.

---

[57] Vgl. Dittmann, Gruhn, Hagen (2002), S. 2.

Literaturverzeichnis

Becker, J.; Kugeler, M.; Rosemann, M. (Hrsg.): Prozessmanagement. Ein Leitfaden zur prozessorientierten Organisaticnsgestaltung. 3. Auflage, Berlin u. a., 2002.

Bergner, K.; Rausch, A.: Process Pattern. Test Suite Bootstrapping. In: Proceedings of the 1st Workshop on Software Development Patterns (SDPP'02), TUM-I0213. München 2002.

Brandstätt, T.; Zink, K.J.: Prozeßmanagement – ein Organisationskonzept für Kommunalverwaltungen. In: Prozeßmanagement in der Stadtverwaltung Pirmasens: Konzept, Realisierung und Erfahrungen. Kaiserslautern, 1999.

Dittmann, T.; Gruhn, V.; Hagen, M.: Improved Support for the Description and Usage of Process Patterns. In: Proceedings of the 1st Workshop on Software Development Patterns (SDPP'02), TUM-I0213. München 2002.

Gaitanides, M.: Prozeßorganisation. Entwicklung, Ansätze und Programme prozeßorientierter Organisationsgestaltung München, 1983.

Gnatz, M.; Marschall, F.; Popp, G.; Rausch, A.; Schwerin, W.: Common Meta-Model for a Living Software Development Processes [sic!]. In: Proceedings of the 1st Workshop on Software Development Patterns (SDPP'02), TUM-I0213. München 2002.

Gruhn, V.; Wellen, U.: „Process Landscaping" – Eine Methode zur Geschäftsprozessmodellierung. Universität Dortmund, Fachbereich Informatik, Lehrstuhl für Software Technologie. Dortmund, (o. J.).

Hagen, M.: Support for the definition and usage of process patterns. Position Paper, Focus Group "What makes PatternLanguages work well?", EuroPlop 2002. Dortmund, 2002.

Hammer, M.; Champy, J.: Business Reengineering. Die Radikalkur für das Unternehmen. 6. Auflage, Frankfurt/Main, New York, 1996.

Hammer, M.; Stanton, S. A.: Die Reengineering Revolution. Handbuch für die Praxis. Frankfurt/Main, New York, 1995.

Iida, N.; Tanaka, Y.: A Compositional Process Pattern Framework for Component-based Process Modeling Assistance. In: Proceedings of the 1st Workshop on Software Development Patterns (SDPP'02), TUM-I0213. München 2002.

Klepzig, H.-J.; Schmidt, K.-J.: Prozeßmanagement mit System. Unternehmensabläufe konsequent optimieren. Wiesbaden, 1997.

Kruchten, P.: A Process Engineering Metamodel. In: Proceedings of the 1st Workshop on Software Development Patterns (SDPP'02), TUM-I0213. München 2002.

Orehek, M.: Process Pattern: Model Based Real-Time Systems Development. In: Proceedings of the 1st Workshop on Software Development Patterns (SDPP'02), TUM-I0213. München 2002.

Schantin, D.: Makromodellierung von Geschäftsprozessen. Kundenorientierte Prozessgestaltung durch Segmentierung und Kaskadierung. Wiesbaden, 2004.

Schmidt, G.: Prozeßmanagement. Modelle und Methoden. Berlin u. a., 1997.

Scott, K.: Process Pattern. Class and Method Documentation. In: Proceedings of the 1st Workshop on Software Development Patterns (SDPP'02), TUM-I0213. München, 2002.

Schober, H.: Prozessorganisation: Theoretische Grundlagen und Gestaltungsoptionen. Dissertation, Universität Marburg, Wiesbaden, 2002.

Seifert, K.: Prozeßmanagement für die öffentliche Verwaltung. Wiesbaden, 1998.

Steinberg, C.: Reengineering kommunaler Unternehmen. Stuttgart, 1996.

Anhang

A   Kurzbeschreibung von PPDL

PPDL ist ein möglicher Dokumentations-Standard für Prozessmuster, da es sich um eine bereits gut ausgearbeitete Sprache handelt. Es existieren verschiedene Diagrammtypen, mit denen die für Prozessmuster typischen Eigenschaften dokumentiert werden. Diese beinhalten:

- Problemdiagramm (siehe Abbildung A1)

- Prozessmusterdiagramm (siehe Abbildung A2)

- Benutzungsdiagramm

Zudem existiert ein UML-Metamodell, in dem die Bausteine der PPDL zu einander in Beziehung gesetzt werden.[58]

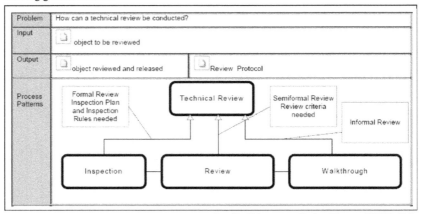

Abb. A1: PPDL-Problemdiagramm

Quelle: Dittmann, Gruhn, Hagen (2002), S.8.

Ein *Problemdiagramm* beinhaltet den Input und den Output eines Problems und verschafft einen Überblick über alle Prozessmuster, die dieses Problem lösen. Zudem werden etwaige Verfeinerungs- und Varianten-Beziehungen dieser Prozessmuster dargestellt. In Abbildung A1 stellen die Prozessmuster „Inspection", „Review" und „Walkthrough" drei Verfeine-

---

[58] Vgl. Dittmann, Gruhn, Hagen (2002), S. 7.

rungen eines abstrakteren Prozessmusters „Technical Review" dar, welches das in der ersten Zeile der Abbildung beschriebene Problem löst. Da die drei Prozessmuster alternativ gebraucht werden können, stehen sie zu einander in der Beziehung „Variante".

Das Problemdiagramm gibt keinen Einblick in die internen Abläufe eines Prozessmusters. Diese werden statt dessen im *Prozessmusterdiagramm* beschrieben. Hierzu kann man sich einer gängigen Ablaufsprache wie der EPK bedienen oder, wie in Abbildung A2 zu sehen, eine modifizierte Sprache.[59] Im vorliegenden Beispiel werden Rollen (links), Aktivitäten, die wiederum ein neues Problem darstellen können (Mitte) und ein- und ausgehende Objekte (rechts) modelliert. Im unteren Teil findet sich ein Abschnitt, in dem die auf diesem Prozessmuster resultierenden neuen Probleme aufgelistet werden. Da es zu jedem dieser Probleme weitere Prozessmuster gibt, wird so der hierarchische Aspekt von Prozessmustern realisiert.

Die beiden fehlenden möglichen Beziehungen zwischen Prozessmustern, Sequenz und Hierarchie, werden im *Benutzungsdiagramm* abgebildet.

---

[59] Die benutzte Sprache scheint aber eine EPK mit lediglich ausgetauschten Darstellungselementen zu sein

Problem	How can a technical review be conducted?

Pattern Name	Review

Initial Context	object to be reviewed

Resulting Context	object reviewed and released	Review Protocol

Solution	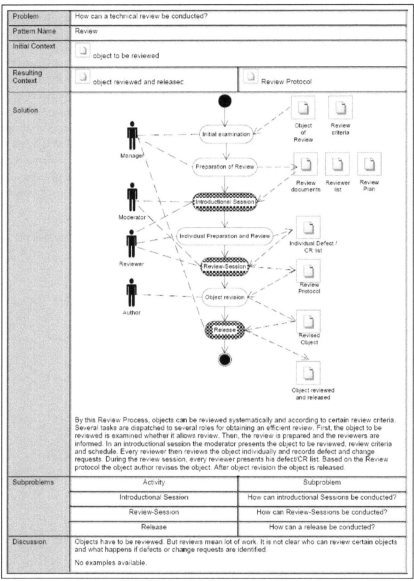

By this Review Process, objects can be reviewed systematically and according to certain review criteria. Several tasks are dispatched to several roles for obtaining an efficient review. First, the object to be reviewed is examined whether it allows review. Then, the review is prepared and the reviewers are informed. In an introductional session the moderator presents the object to be reviewed, review criteria and schedule. Every reviewer then reviews the object individually and records defect and change requests. During the review session, every reviewer presents his defect/CR list. Based on the Review protocol the object author revises the object. After object revision the object is released.

Subproblems	Activity	Subproblem
	Introductional Session	How can introductional Sessions be conducted?
	Review-Session	How can Review-Sessions be conducted?
	Release	How can a release be conducted?

Discussion	Objects have to be reviewed. But reviews mean lot of work. It is not clear who can review certain objects and what happens if defects or change requests are identified.
	No examples available.

Quelle: Dittmann, Gruhn, Hagen (2002), S.9.

Abb. A2: PPDL-Prozessdiagramm

B   **Verwendungsbeispiel für Prozessmuster: Entwicklung integrierter Automobilkomponenten**

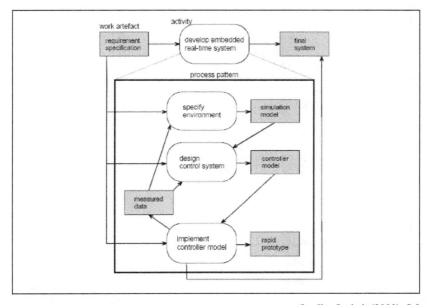

Quelle: Orehek (2002), S.3.

Abb. B1: Prozessmuster als Verfeinerung einer Gesamtaktivität

In Abbildung B1 ist oben zu sehen, wie der gesamte Entwicklungsvorgang für integrierte Automobilkomponenten (hier „develop embedded real-time system" genannt) in nur einer Aktivität aggregiert wurde. Zu dieser Aktivität wurde dann ein Prozessmuster gebildet, welches einen hinreichend allgemeinen und verfeinerten Ablauf repräsentiert. Eine Aktivität wurde in drei Teilaktivitäten unterteilt, die wiederum in darauf folgenden Schritten weiter detailliert werden.[60]

Erwähnenswert ist, dass man die Bildung der Teilaktivitäten wie z.B. „specify environment" nicht nur aufgrund inhaltlich gleicher Ursprungsprozesse vornehmen kann, sondern auch anhand gleicher Prozesskomponenten. In diesem Fall wäre das der gleichartige Output in Form eines Simulationsmodells.

---

[60] Vgl. Orehek (2002), S. 4 ff.

C   Beispiel für Process Landscaping

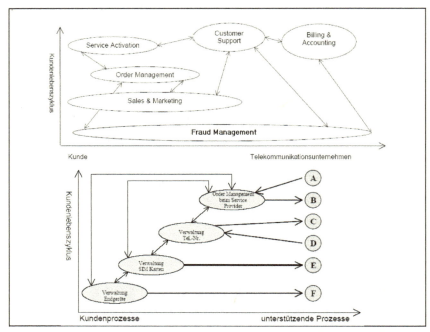

Quelle: Vgl. Gruhn (o. J.), S.5 f.

Abb. C1: Prozesslandschaft eines Unternehmens und selektive Detaillierung

Abbildung C1 zeigt oben eine beispielhafte Prozesslandschaft für ein Telekommunikationsunternehmen. Dargestellt werden sämtliche betrieblichen Kernprozesse. Im unteren Schaubild ist eine detailliertere Darstellung des Prozesses „Order Management" in Form von vier Teilprozessstücken zu sehen. Zusätzlich zur Verfeinerung des Prozesses wird auch die Schnittstelle zum Prozess „Service Activation", im oberen Bild nur durch einen Doppelpfeil angedeutet, mit größerer Präzision dargestellt. Die Großbuchstaben A bis F stehen hierbei für ein- oder ausgehende Objekte. Diese können sowohl physische Gegenstände wie z.b. ein Handy sein (F) oder immaterielle Informationen wie z.B. Seriennummern (A und B). Die Möglichkeit, nicht nur Prozessaktivitäten sondern auch Schnittstellen verfeinert darzustellen, ist die hauptsächliche Besonderheit der Methode des Process Landscaping.[61]

---

[61] Vgl. Gruhn (o. J.), S. 2 f.